Perdernos en Dios

Meditaciones sobre el Evangelio

María del Pilar Galán

Perdernos en Dios

Meditaciones sobre el Evangelio

EDIBESA

PERDERNOS EN DIOS.
MEDITACIONES SOBRE EL EVANGELIO

© María del Pilar Galán

© SAN ESTEBAN EDITORIAL – EDIBESA 2024

© EDIBESA 2024
Sede social y ediciones
Plaza de Concilio de Trento, s/n. 37001 Salamanca
Telf.: 923 26 47 81

Administración y comercialización
C/ Juan de Urbieta, 51 28007 Madrid
Telf.: 913 45 19 92
Email: info@edibesa.com

ISBN: 978-84-19640-60-4

Depósito legal: M-18901-2024

Maquetación y diseño: Susana Folgado Hernández

Impresión: Imprenta Kadmos

IMPRESO EN ESPAÑA – PRINTED IN SPAIN

ÍNDICE

II.
MEDITACIONES SOBRE
EL EVANGELIO SEGÚN SAN MARCOS

III.
MEDITACIONES SOBRE EL EVANGELIO SEGÚN SAN LUCAS

IV.
MEDITACIONES SOBRE EL EVANGELIO SEGÚN SAN JUAN

V.
MEDITACIONES SOBRE
LA PASIÓN DE CRISTO

VI.
MEDITACIONES SOBRE LA
RESURRECCIÓN DE CRISTO

INTRODUCCIÓN

Es posible que el subtítulo de este libro, *Meditaciones sobre el Evangelio*, nos lleve a pensar en los libros, o, casi mejor, en los tratados de oración y meditación de hace siglos, como los clásicos y tan leídos del padre Granada o el padre Lapuente. Por mencionar a un dominico y a un jesuita muy representativos y de espiritualidades que no acababan de llevarse bien del todo. Este libro de María del Pilar Galán, que tiene, cómo no, por autora a una escritora con tantas resonancias clásicas, es un libro de meditaciones, así, en plural, pero sobre el evangelio (sobre los evangelios, mejor) en un lenguaje poético, que respira y rebosa hermosura, y que expresa todo con sus palabras, es decir, con las palabras de Jesús, de sus evangelios: y remito al poema cálido y literal del "Padrenuestro" (oración en compañía familiar) y a los silencios y soledades de la "Oración del huerto".

Es muy comprensible que esta meditación sobre el evangelio tenga resonancias de los tratadistas clásicos, pero las tiene en mayor medida, con más pasión, de los místicos. Esto es algo que no extraña a quien conozca y haya leído a la autora. Por eso, Pilar Galán percibe y expresa tan poéticamente el valor que en el Evangelio tienen la mirada y las palabras...y en el que se habla con las miradas...

Los ojos de Pedro "vieron lo que los otros no veían"; su corazón se habitó "por la llama de amor puro", y "su boca se llenó de palabras de sabiduría". Son esas miradas, esas palabras, como las dirigidas a los niños por el "Dios de la ternura", como las que dice a la mujer adúltera, o al hijo pródigo, las que más emocionan en la lectura de este libro.

Quizá extrañe la cercanía que no ocultan estas páginas deliciosas con los místicos, con su manera de vivir el Evangelio y con su forma de expresarlo: el leguaje, las palabras, con que saben cantar y comunicar la "llama de amor puro", recordar que "a la tarde te examinarán en el amor".

Esta cercanía, cabe decir que esta sintonía, es perfectamente explicable: Pilar conoce muy bien a santa Teresa y a san Juan de la Cruz, maestros suyos en sensibilidad poética y evangélica. Ella es la autora de dos miradas poéticas hermosas en sus libros (cuya lectura y disfrute me permito recomendar encarecidamente): *Santa Teresa de Jesús. Biografía poética de una pasión*; y más recientemente: *San Juan de la Cruz. Biografía poética de un místico*. Ambos han aparecido en esta misma Editorial EDIBESA.

Teófanes Egido

TU PALABRA ME DA VIDA, CONFÍO EN TI, SEÑOR

TU PALABRA ES ETERNA EN ELLA ESPERARÉ

SALMO 118

I

MEDITACIONES SOBRE EL EVANGELIO SEGÚN SAN MATEO

EL BAUTISMO DE JESÚS

Y entonces una voz desde los cielos dijo:
«Este es mi hijo querido, en quien me he
    complacido».
(Mt 3, 17)

Sólo necesitó cerrar los ojos,
sumergirse en el agua de vida
para llenarse del Espíritu.

Para que sus emociones
viajaran más veloces que sus recuerdos,
y sintió los brazos palpitantes de ternura,
acogedores, fuertes, poderosos,
para enfrentarse al odio.

Sus manos henchidas de caricias,
desprendiendo calidez y amor,
para combatir la maldad, la insidia, la brutalidad
y transmitir curación, esperanza, paz...

Un haz de luz suave se desprendía de su rostro,
que salvaba y recomponía los corazones rotos.

Sus labios rebosaban palabras de consuelo
que se desbordaban
como caudales incontenibles,
llegando hasta los corazones áridos
y haciéndolos florecer,
porque eran como agua de lluvia,
esperada y cadenciosa,
que apagaba los incendios del alma.

LA MIRADA DE JESÚS

**Desde entonces Jesús empezó a predicar y a decir:
«Convertíos, porque el reino de los cielos está
muy cerca».**
(Mt 4, 17)

Con sólo una mirada suya:

Los débiles
se sintieron protegidos por la coraza de su pecho,
el miedo y la inseguridad desaparecieron
viéndose envueltos en una atmósfera
resplandeciente de su belleza.

Los arrogantes
eclipsados por la sencillez de sus gestos,
trasmutaron su soberbia
en una repentina mansedumbre.

Los solitarios
abrazados en su soledad,
percibieron que eran envueltos
por una tierna expresión de dulzura
que desterró la melancolía de sus vidas.

Los abrumados
por el peso de sus culpas,
quedaron liberados
como si una suave brisa
arrastrara sus angustias
como hojas marchitas
hasta hacerlas desaparecer.

LOS APÓSTOLES

Y les dijo:
«Venid y seguidme, y os haré pescadores
    de hombres».
Ellos al momento dejaron sus redes y le siguieron.
(Mt 4, 19-20)

Fueron elegidos doce hombres
y los llamó sus apóstoles,
les dio la sagrada misión de llevar su nombre
desde aquel lugar remoto,
hasta todos los confines de la tierra.

Los eligió para levantar una torre de santidad,
piedra a piedra, dolor a dolor, lágrima a lágrima,
para que fuera divisada desde lo lejos,
como faro salvífico de destellos níveos
más brillante que las estrellas.

Y al descender la noche, sangre y fuego,
cincelara una luz roja
para que ningún navegante
se dejara seducir por los guiños de la luna,
y llegaran sanos y salvos
sin estrellarse contra las escolleras.

Fueron elegidos doce hombres.
Y sus palabras navegaron a través de los mares,
atravesaron las tierras polvorientas
que quedaron sembradas
de oro y trigo, de lirios y espliego.

De Amor Redentor
y Salvación.

LAS BIENAVENTURANZAS

Y Él empezó a hablar, y les enseñó diciendo...
(Mt 5, 2)

Jesús subió a la ladera de la montaña.
Los hombres y mujeres que le seguían
bebían sus palabras una a una,
a sorbos pequeños, tratando de saciar su sed,
saboreando despacio cada sílaba.

El hablabas con voz tenue,
casi susurrando:
"Dichosos los pobres de espíritu, los que lloran,
los humildes, los que tienen hambre y sed
    de justicia,
los perseguidos, los limpios de corazón..."

Y todos aquellos que le escuchaban
sintieron como su miedo se iba disipando,
porque su voz era el sosiego.
Luego se fueron secando sus lágrimas,
y su desolación se fue poblando.

Una luz sanadora les invadió,
porque su bondad llenaba todo el aire,
su mirada transmitía serenidad y calma
que invitaba a descargar la angustia,
porque sus ojos eran lagos serenos
donde todos pudieron ahogar las penas.

EL REINO

«Buscad antes que nada el Reino y su justicia,
y todo se os dará por añadidura».
(Mt 6, 33)

Desde ahora
ya no buscaremos cosas fungibles,
sólo Tú eres un valor transcendental en nuestra vida,
más preciado que el oro y las piedras preciosas.

Porque Tú eres la piedra angular
que sostiene todo nuestro ser.
Sólo tus mensajes
han calado hondo en el corazón
herido por falsas promesas.

Tan falsas y engañosas
como el reflejo áureo de un lucero en un pozo
que nos conduce al abismo si tratamos de coger
    su luz.

¡Dios mío!
Tu estela llegó con el viento
en aquella brisa de libertad y Buena Nueva.
Tú tienes palabras que inflaman los sentidos.
Respondes con tu voz a los grandes
interrogantes de la vida.

Das sentido a cada paso que damos.
En cada brizna de hierba vemos tu presencia,
en cada flor una oda a tu belleza,
en cada nota perdida del pentagrama,
un canto de alabanza a tu Majestad,
que quiere alzarse hacia el cielo
para celebrar tu gloria.

LA FE

Aquella mujer que sufría flujos de sangre
desde hace doce años,
se le acercó por detrás y tocó el borde de su manto
al instante se detuvo el flujo de sangre.
(Mt 9, 20-21)

¡Quiero confiar a Dios mi secreto,
sé que con Él, estará a salvo!

Mi voz susurrante que Él solo escuchará, le dirá:
que la pena me abruma,
que ortigas moradas arañan mi piel,
que una corona de rosales espinosos,
fustiga mi frente,
que una tumba voraz de crisantemos,
me amenaza con sus tentáculos para devorarme.

¡Sé que con solo tocar su manto,
Aura de su presencia salvífica,
quedaré curada!

¡Yo sola no puedo!
Me siento pequeña y desvalida
para afrontar el sufrimiento.

Pero sé que con solo rozarle,
su fuerza sera mi fuerza.

En sus palabras:
"Mujer, tu fe te ha salvado"
encontré la inspiración
para continuar viviendo.

¡Pero por favor, que no pare de hablarme!
que mis labios agrietados sorberán sus palabras,
y juntos pasearemos por la arena del desierto
y mi pie será librado de la mordedura de los
    alacranes.

Juntos veremos en la línea lejana del horizonte,
como nuestros corazones entrelazados,
se dibujan en las nubes para emprender
una larga travesía hacia la libertad.

PERDERNOS EN DIOS

«El que no tome su cruz y me siga no es digno
   de mí.
Pues el que quiera salvar su vida, la perderá:
pero el que pierda su vida por mi causa
la encontrará».
(Mt 10, 38-39)

Desearía perderme en Dios.
Si Dios es Amor, que mayor dicha
que alcanzar la plenitud amando.

Que gran felicidad encontrar en la entrega total
la esencia del amor puro.
La oscuridad luminosa
se hace viva presencia.

Ya no temeré la noche insondable.
¡Qué hermosa es la claridad que despeja
   las tinieblas!
Todo se ordena y alcanza su sentido.
En un total abandono en Dios
buscando en sus manos el cobijo.

Que mayor seguridad que su sola presencia,
nada ya, es comparable a su grandeza:
ni el mar en su inmensidad infinita,
ni los astros en su contemplación refulgente,
ni las montañas cuyas cumbres acarician el cielo.

Solo anhelo saciarme de Él.
Que Él habite en mí.
Que todo mi ser respire en Él
y con Él para siempre.

LA BUENA SIEMBRA

«Mirad: salió el sembrador a sembrar su semilla,
alguna cayó por el camino y los pájaros del
    cielo se la comieron.
Otra cayó en tierra buena, y al crecer dio fruto
al ciento por uno».
(Mt 13, 3-8)

Tu palabra:
Libera, alimenta, sacia,
porque es portadora de esperanza,
perfumada de amor, desveladora de misterios,
morada donde la luz habita.

Tu palabra:
Es siempre fecunda, porque tu esencia
permanece en ella,
y en ella encuentro la respuesta a las preguntas,
que quedan entre mis labios,
porque escucharte es sumirse en la plenitud.

Tu palabra:
Serena el alma,
calma el río agitado de mis venas,
y hace aflorar la vida cuando parece escaparse,
en el abismo mismo de la muerte.

Sólo tu palabra:
Convierte en primavera temprana,
el rostro avejentado por el vacío de la ausencia,
haciendo brotar gotas temblorosa de emoción
en aquellos ojos enterrados en cuencas
violáceas.

Tu palabra:
Aliento, pan, agua viva,
néctar divino que hace fructificar el corazón seco,
savia redentora que nutre nuestras almas.

¡Estamos cansados de falsas promesas!
Sólo Tú eres verdad y vida.
No apagues tu voz jamás.

¡Necesitamos el aliento de tu boca
para seguir viviendo!

SURCANDO EL MAR

En la cuarta vela de la noche,
él se les acercó andando sobre las aguas.
(Mt 14, 25)

Comenzaste a caminar sobre las aguas,
torbellinos de olas se alzaban sobre ti.
Pero Tú, con paso firme,
desafiando la tempestad,
te acercaste a tus discípulos,
mas ellos tuvieron miedo.

No supieron reconocer
tu figura resplandeciente bajo la luna de plata.

¡SEÑOR!
Cuantas veces por senderos rocosos,
te acercas a nosotros con pasos serenos,
desprendiendo un halo de amor,
y nos pides que caminemos hacia ti,
que no tengamos miedo,
que contigo estamos a salvo.

Pero nosotros no te queremos ver
y seguimos caminando a oscuras,
desorientados, en un círculo cerrado,
engullidos por la vorágine de la vida.

Y continuamos buscando una estrella de escarcha,
cuyo fulgor,
apague el fuego candente de nuestros corazones.
Sin descubrir en nuestra ceguera
que Tú eres la única LUZ.

EL DIOS VIVO

Él les dijo:
«Pero vosotros ¿quién decís que soy yo?»
Simón Pedro contestó:
«Tú eres el Cristo, el hijo de Dios vivo».
Jesús le respondió: «Dichoso eres tú, Simón
    hijo de Jonás,
porque eso no te lo ha revelado carne ni sangre,
sino mi Padre que está en los cielos».
(Mt 16, 15)

Pedro, el hombre sencillo, el hombre rudo,
el pescador curtido por el mar, el sol y la sal,
el discípulo entusiasta y apasionado,
supo ver en Jesús al Hijo de Dios.

Sus ojos vieron lo que los otros no veían,
su corazón presintió la llama del amor puro,
y su boca se llenó de palabras de sabiduría.
Porque el mismo Dios le reveló a su Hijo,
viendo en Cristo el hijo de Dios Vivo
y así, lo proclamó.

Jesús le erigió en la roca
sobre la que su iglesia sería edificada.
Pedro es la estabilidad, la solidez,
la fidelidad, la permanencia...

Pedro, fue la piedra firme de la iglesia.
El Pescador de almas, contra viento y marea.

LA TRANSFIGURACIÓN

Y se trasfiguró en su presencia y su rostro
    resplandeció
como el sol mientras que sus ropas
se volvían blancas como la luz.
(Mt 17, 2)

Pedro, Santiago y Juan fueron los elegidos,
para contemplar la gloria de Jesús resplandeciente.
Esa luz que cambia la vida de quienes la
    contemplan.

Fueron unos momentos de bella placidez,
que pasaron como un soplo de luz suave.
¿Por qué la felicidad no deja huella?
Pasa deprisa como las citas de amor,
embebidos los ojos en los ojos del amado.

Después llega la ausencia... y perviven
    los recuerdos,
como un sagrado perfume
contenido en frasco de cristal,
que podemos destapar a nuestro antojo y
su olor embriagador
nos arrastra de nuevo
hacia la presencia amada.
Pero cuando queremos tocar su rostro
ya se han desvanecido.

Jesús mandó a sus discípulos
que guardaran silencio,
y ellos conservaron ese momento tan hermoso,
de la pura belleza en estado primigenio,
en el fondo de sus corazones.

JESÚS Y LOS NIÑOS

Y él, llamando a un niño le puso en medio de ellos
y dijo: «Os doy mi palabra que si no os convertís
y os hacéis como niños no entraréis en el reino
    de los cielos».
(Mt 18, 2-3)

Que sean siempre hermosos nuestros días
bajo la mirada del Dios de la ternura.
Que cada amanecer en nuestras pupilas,
se refleje la inocencia íntegra de nuestra infancia.

Que nuestra boca saboree el dulce fruto de la
    colmena,
y la leche agria de los prados.

Que las tardes sean apacibles,
ungidas nuestra cabeza por el sol de poniente
que nos acaricia con su mano áurea.

Que al anochecer
sintamos respirar el mundo en armonía.

Que cada bocanada
sea una nube hermosa de aire puro,
un soplo de la brisa de los álamos.

Que nuestros oídos
se llenen de cantos de jilgueros
columpiándose en los colores del arco iris.

¡Qué hermoso es reconciliarse con la vida!

LA ENTREGA

«Todo el que deja su casa o hermanos o
    hermanas,
o padre o madre, o hijos o tierras
por causa de mi nombre, recibirá muchas veces
    más
y ganará la vida eterna».
(Mt 19, 29)

Ya me he despojado de todo,
te he entregado todo lo que soy.
Hace tiempo que te di mi sonrisa, cascabel sonoro,
que acompañaba mis despertares
en los tiempos de rosas sin espinas.

Ya te he ofrecido mi dolor,
que lacera mi cuerpo y oscurece mi alma.
Para que tu llama poderosa
haga arder en la hoguera llameante,
los dardos silenciosos
que llevo clavados en mi carne.

Todo ya, te lo he entregado:
hasta ese último deseo
que palpita en mi sien
y en mis sentidos.

¡Ahora sólo Tú eres mi apoyo firme!

II

MEDITACIONES SOBRE
EL EVANGELIO SEGÚN
SAN MARCOS

JESUS SE RETIRÓ A ORAR

Y muy de mañana se levantó, salió y
se retiró a un lugar al desierto y allí rezó.
Y fueron en su busca Simón y los que iban con él,
y al encontrarle le dijeron:
«Todos te buscan»
(Mc 1, 35-37)

Jesús siempre buscaba un lugar apartado,
y se ponía en la presencia del Padre,
sus manos unidas, sus ojos entornados.

Era allí, donde encontraba la serenidad,
la calma, el sosiego, el silencio…
 para después, seguir caminando,
seguir predicando, seguir curando.

Cada amanecer con sus fuerzas renovadas,
sus ojos resplandecían de misericordia.
Salía al encuentro de los pecadores
para perdonar y bendecir.
Salía al encuentro de los lisiados
para sanar y fortalecer.
Salía al encuentro de los pobres
para anunciar el reino de Dios.

Y el poder de su mano se extendía
por todos los lugares de la tierra.

JESÚS Y LOS PECADORES

«¿Por qué come con los publicanos y
    los pecadores?».
Jesús lo oyó y les dijo:
«No tienen necesidad de médico los sanos
sino los que sufren enfermedades:
no vine a llamar a los justos sino a los
    pecadores».
(Mc 2, 16-17)

Jesús no vino a salvar a los limpios
vino para rescatarnos del pecado:
del pecado de egoísmo
del pecado del orgullo
del pecado de la avaricia
del pecado de la envidia

Jesús vino para hacernos ver,
la gravedad de los pecados de omisión.

Mirar hacia otro lado:
cuando el hermano tiene sed
cuando el hermano tiene hambre
cuando el hermano pasa frío
cuando está solo
cuando está encarcelado
cuando es tratado injustamente.

MOSTRAD LA LUZ

«¿Acaso se saca la luz para ponerla debajo
   de un candelero
o debajo de la cama? ¿No es para que se ponga
   en la lámpara?
Pues no hay nada oculto que no se manifieste:
No ocurre nada secreto que no salga a lo
   visible».
(Mc 4, 21-22)

Donde habita la luz,
la emoción se derrama.
La misericordia de Dios resplandece.
Nuestros ojos son como lámparas,
ellos alumbran nuestra vida.

Las palabras de Jesús son luz en nuestro caminar,
limpian la niebla de nuestros ojos,
derriten la escarcha que hay en ellos.
Para que puedan ver y dar luz al cuerpo,
sino es así, nos precipitaremos al abismo.
Todo el cuerpo estará en tinieblas.

Saber conocer la mirada de Jesús,
esa luz escondida en el rostro del prójimo.

Es Saber descubrir:
la tristeza del otro
el desamparo que cohíbe
la angustia que oprime
la enfermedad que lacera
la herida que no cierra.

LA MULTIPLICACIÓN
DE LOS PANES

Ellos se acomodaron en grupos de ciento y
   de cincuenta.
Y él tomando los cinco panes y dos peces,
miró al cielo los bendijo, ellos comieron y
   se hartaron.
Los que comieron los panes eran en total
   cinco mil hombres.
(Mc 6, 39-44)

Pasaban las horas y la gente tenía hambre,
habían venido siguiéndote desde lejos,
seducidos por tus palabras,
iluminados por tu fe,
vivificados por tu presencia.
Pero sabías que sus cuerpos
estaban desfallecidos
y nos quisiste despedirlos vacíos.

Y te compadeciste de ellos:
De su pobreza, de su humildad.
Del sol abrasador que soportaban.
De esos cuerpos que temblaban de emoción.
Quisiste que se fueran saciados.

Y el milagro se hizo:
los cinco panes y dos peces
se convirtieron en miles
y todos pudieron comer
y se fueron reconfortados.

Bendiciendo tu santo nombre

EL PRIMERO EN EL REINO

**Él, después de sentarse llamó a los doce y les dijo:
«Quien quiera ser el primero,
sea el último de todos y servidor de todos».**
(Mc 9, 35)

Que hermoso es el mensaje de Jesús,
una advertencia frente al orgullo y la soberbia.

Él es el ejemplo, el Maestro bueno
que vino a servir, a entregarse,
a dar testimonio de donación plena por amor.

Nos dejó su evangelio:
Tener la mente y el corazón abiertos,
las manos llenas para dar y ofrecer,
la voluntad firme para construir un mundo mejor.

Que la generosidad y la humildad
sean las armas que venzan al egoísmo y la codicia.

Tú eres camino, verdad y vida.
Sabemos que no eres un sueño
del que vayamos a despertar cuando amanezca.
No eres una utopía inalcanzable.

Eres el Dios vivo que habita
y respira en cada latido.

No eres una idea intangible,
eres el Dios amado y cercano
con quien podemos hablar cada día.
Tú sabes escucharnos como un amigo fiel,
que conoce nuestras preocupaciones y anhelos.

Tú eres mi inspiración y mi destino.
Tú sabes que te pertenezco.

Yo sé que Tú me amas.

¡Creo que no puede existir un destino más bello!

A DIOS LO QUE ES DE DIOS

«¿Por qué me tentáis? Traedme una moneda,
    para que la vea».
Ellos se la trajeron y les dijo: «¿De quién es esta
    imagen y la inscripción?».
Ellos dijeron del emperador.
Y Jesús les dijo:
«Lo del emperador, dadlo al emperador y lo de
    Dios a Dios».
(Mc 12, 15-17)

Tu palabra es la verdad,
está cimentada en la justicia y el amor

Muchas lluvias y muchos inviernos después,
tu testimonio sigue en pie,
siendo luz, siendo ejemplo de rectitud,
de sabiduría y templanza.

Tú nos abres a la equidad:
Serviremos mejor a Dios
cuando mejor sirvamos a nuestros hermanos.

Hay que comprender:
Que el amor más perfecto está en la entrega,
en dar a cada uno lo que le corresponde,
en dar sin esperar nada a cambio,
en ir construyendo un edificio sólido
con piedras de sinceridad, fortaleza y lealtad,
y con profundos cimientos fraguados
en la fidelidad y el compromiso.

Nunca debemos edificar
sobre quimera y sueños,
para alcanzar el luminoso amanecer.

EL MILAGRO DEL CIEGO

Jesús le preguntó:
«¿Qué quieres que te haga?».
El ciego le dijo,
«Maestro mío, que vea».
Jesús le dijo:
«Vete, tu fe te ha salvado».
Y en seguida vio, y le siguió por el camino.
(Mc 10, 51-52)

El pobre ciego buscaba Dios en la oscuridad,
a tientas, sin tino, confundido por las tinieblas,
se golpeaba con las puertas que emergían
en la negrura de su noche eterna.

Se adentraba en las entrañas de la nada,
tanteando con los brazos extendidos.
Y todo fueron deshabitadas sombras,
espejos sin azogue que devolvieran su imagen.

Seguía en esa lucha sin tregua,
buscando la luz que nunca llegaba
porque desde su nacimiento le fue negada.

Cuando Jesús pasó por su lado
un incendio arrasador
sintió reavivarse cerca de él.

Sabía que el Maestro estaba cerca,
y gritó pidiendo compasión,
clamó pidiendo que se le devolviera la vista,
con una absoluta fe
en que iba a ser escuchado.
Y así se cumplió:
el ciego de nacimiento
recuperó la vista.

Y desde ese momento,
siguió a Jesús entre las zarzas de los caminos,
por pedregosos senderos,
sin jamás tropezar.

CREED Y SE CUMPLIRÁ

«Tened fe en Dios: os doy palabra de que
quien le diga a este monte: "levántate y échate
    al mar",
y no vacile en su corazón, sino que crea que se
    hará
lo que dice, lo obtendrá».
(Mc 11, 22-23)

Tu palabra es la clave
que pone en orden todo nuestro desconcierto,
para que todas las notas se ordenen
en una partitura, mágica y luminosa,
donde los acordes disipen las dudas
y tu música nos embriague de certeza.

Si nuestro corazón no vacila
seremos invitados a la gran fiesta de la vida,
allí donde tú habitas.

Allí donde el amor se hace presente
y la luz vence a las tinieblas.

Es el momento de caminar
 con los ojos fijos en Dios
para llegar al jardín del Edén.

LA VIUDA POBRE

«Os doy mi palabra de que esta viuda pobre
ha echado más que todos los que han echado
   en el Templo.
Pues los otros han echado de los que les sobraba,
   pero ésta
ha echado todo lo que tenía para vivir en su
   necesidad».
(Mc 12, 43-44)

Esta parábola conmueve nuestros corazones:
la viuda pobre dio las últimas monedas
que tenía para su sustento.

Pero Dios se asomó
al ventanal de su alma
y le conmovió su generosidad.

Esa mujer humilde y desvalida
fue vestida con las mejores galas,
porque entregó todo lo que tenía
y Dios le devolvió el ciento por uno.

Su mísero manto
brilló como seda deslumbrante.
Sus gastados vestidos
envueltos en sudor y lágrimas
se convirtieron en hermosa túnica
y un suave olor a nardos y ambrosía
rodeo su cuerpo marchito.

MIS PALABRAS NO PASARÁN

«Pasaran el cielo y la tierra pero mis palabras no
   pasaran.
Pero sobre el día y la hora, nadie lo sabe,
ni los ángeles del cielo, ni el Hijo sino el Padre.
Mirad, vigilad: pues no sabéis cuándo es el
   momento».
(Mc 13, 31-33)

¿A quién Señor iremos?
Sin ti estamos perdidos.
Solo tú nos muestras el camino.

Solo tú tienes palabras de Vida Eterna.
Ha llegado el día de perseguir estrellas,
de arriesgar por el otro,
de ponerse en camino.
Mirar esos ojos que encuentras al paso
y en la mirada entregar el corazón.

De suplicar que no se acalle nunca tu voz.
Palabras que buscamos entre tanta mentira,
entre tanta falsedad, entre tantas ilusiones
engañosas.

Hay que estar alerta,
como el centinela que aguarda la hora
en que viene su señor,
como la virgen prudente
que debe tener la lámpara encendida
para cuando llegue el esposo.

¡Qué cuando te acerques te sepamos reconocer!

¡Qué la noche no nos confunda!

III
MEDITACIONES SOBRE EL EVANGELIO SEGÚN SAN LUCAS

JESÚS CURA A LOS ENFERMOS

«Id y anunciar a Juan lo que habéis visto y oído:
Los ciegos ven, los cojos andan, los leprosos
    son limpiados,
los sordos oyen, los muertos son resucitados,
y a los pobres es anunciado el evangelio».
(Lc 7, 22)

Yo era un hombre con las piernas quebradas
que me arrastraba por el suelo,
pero Jesús me dijo: levanté y camina.
Y desde aquel momento
mis pies danzan sobre campos de trigales,
y el júbilo hace que las espigas se llenen de granos
que relucen como el oro.

Yo era ciego pero Jesús tocó mis ojos,
y la claridad volvió a mí,
alumbrando mi camino poblado de espinos,
que se llenó de lirios blancos.

Mi cuerpo estaba herido por llagas,
estigmatizado y repudiado.
Marginado de aislamiento y soledad.
El salió a mi encuentro y su mano
me devolvió a la vida

Abrimos nuestro pecho
y una música se desliza,
como una cascada de cristales sonoros
que acarician el aire.

Así, Jesús nos anuncia El Evangelio,
nuestras manos se han llenado
de palomas mensajeras de paz,
que vuelan libres hacia el cielo.

LA MUJER PECADORA

Llorando se arrojó a los pies de Jesús,
de manera que se los bañaba en lágrimas y
se los secaba con sus cabello,
también se los ungía con perfume.
(Lc 7, 38)

Y aquella mujer pecadora
arrojada a los pies de Jesús se los besaba
y ungía con un perfume.

¡Has salido a mi encuentro! Yo quisiera llorar
lágrimas de lluvia
hasta que ojeras violáceas circunden mis ojos.
Yo quisiera llorar por los días estériles
en que yo viví alejada de ti.

Dicen que Tú hablas en el silencio.
Yo quisiera salir al monte,
ese día cárdeno de invierno gélido
para subir a las cumbres
y allí escuchar tu voz.

Pero el viento sopla sobre los riscos,
sus silbidos confunden mis oídos,
y no me dejan oír tus palabras.

Dicen que Tú hablas en la sombra.
Pero al caer la tarde
mi cuerpo tirita,
mis cicatrices se reavivan,
y mis oídos se cierran,
mientras el oro del atardecer
va abriendo los ojos de mi alma.

Y Jesús la consolaba y la bendecía

LA NIÑA VOLVIÓ A LA VIDA

«No lloréis, no ha muerto sino que duerme».
Se reían de él, sabiendo que había muerto.
Pero el tomándole de la mano la llamo diciendo:
«Niña levántate». Y le volvió su espíritu
    y se levantó enseguida.
(Lc 8, 52-55)

Tus palabras salvíficas
se hicieron realidad:
"La niña no está muerta, sino dormida"
y cogiendo su mano,
aquel cuerpo débil y enfermo
en que la vida acababa de escaparse
se sintió transfigurado, vivificado.

¡Tú lo levantaste,
lleno de la fuerza de tu Santo Espíritu!

Ese cuerpo que yacía yerto,
ha vuelto a la vida
huele a azahar y a naranjas en flor.

Sus labios volverán a llenarse de miel,
de jazmines su boca.

Sus ojos pasaron de la oscuridad
y se llenaron de una luz candente,
contemplando tu presencia,
que arrebata y eleva
para que todo se renueve y florezca.

EL ARADO

«Nadie que, habiendo puesto su mano en el
    arado,
mira hacia atrás,
es apto para el Reino de Dios».
(Lc 9, 62)

¡Qué hermosa ensoñación
es regresar a los días azules!
Allí, sobre la nieve inesperada
de la primavera temprana.

Porque Tú vas guiando nuestros pasos,
nuestro único deseo es sentir levemente,
como nuestros pies descalzos,
despojados de cenizas de muerte
van siguiendo tus huellas desnudas.

Como el corazón roto y sanado
late al compás de tu amor,
como el pecho palpitante
se siente henchido de eternidad.

LA ETERNIDAD

«Maestro ¿qué haré para recibir la vida eterna?».
Él le dijo: «Amarás a tu Señor con todo tu
   corazón,
con toda tu fuerza y con toda tu inteligencia,
y a tu prójimo como a ti mismo».
(Lc 10, 27)

Cuando tus labios pronuncian mi nombre,
mi corazón se llena de azahares y jazmines
y siento que tu voz llega a mí,
como una brisa de primavera.

Cuando me miras,
sólo tus ojos omnipotentes
saben traspasar todo mi ser.

Y donde los otros ven
un rostro demacrado
por los azotes del viento solano,
Tú ves un rostro surcado por la espera
en las noches de plenilunio.

Donde ven honda negrura,
Tú sabes que es tristeza contenida
por el dolor de la ausencia.

Cuando parece que estamos perdidos
en la maraña de la vida,
porque nuestros pasos se adentraron
en un laberinto de dolor.

Tu mano poderosa
blandiendo la flamígera espada
nos libera de todo peligro.

Sólo el Amor a Dios y al prójimo
son promesa de eternidad.

MARÍA ESCOGIÓ
LA MEJOR PARTE

Cuando Jesús iba de camino,
una mujer llamada Marta le recibió en su casa.
Esta tenía una hermana llamada María
que sentada a los pies del señor escuchaba
   su palabra.
(Lc 10, 38-39)

Señor, quiero sentarme junto a ti,
recostar mi cabeza cansada sobre tu hombro.
Sé que ese fue el bello privilegio
de tu discípulo más amado,
pero hoy mi alma se dobla como un junco,
sobre mi corazón nievan copos de hastió
y mi aliento se torna azul plomizo,
como un veneno que extiende sus fauces
y agarrota mi pecho.

Todo es desolación y frío.
Es invierno en mi vida;
caen pétalos de nieve sobre mi cabeza,
por eso, déjame recostar mi tristeza
sobre tu hombro compasivo.

Apenas notarás mi peso,
más leve que el de una paloma
en frágil rama.

¡Te prometo
que ya jamás volaré lejos de ti!
porque Tú vas guiando mis pasos,
voy a cambiar el tormento por el éxtasis,
la cobardía por la ilusión que enciende las pupilas,
la vergüenza por la magia turbadora,
los pálidos anocheceres por ríos de esmeraldas.

PADRE NUESTRO

Uno de sus discípulos le dijo a Jesús,
«Señor enséñanos a orar».
Él les dijo: «Cuando recéis decid:
"Padre, santificado sea tu nombre"»
(Lc 11, 1-2)

Mi corazón anhela a Dios.
Que el pan celeste sea mi alimento.
Que el néctar de las vides
por Él plantadas me reconforte.
Que el resplandor de su sombra alumbre
    mi camino.
Que la brisa de los álamos acariciados por su mano
me hagan renacer a la vida.

Se fue el invierno,
las nieves de enero,
los ventiscos y la escarcha.

Pasó el estío, el sol deslumbrante,
las estrellas puras, la luna serena se ocultó,
pero Dios permanece inmutable,
omnipotente, omnipresente,
con todo su poder y esplendor.

Habitando en nuestro corazón,
curando heridas,
acariciando llagas,
abriendo nuevos horizontes,
descubriendo nuevos caminos
esmaltados de flores.

AMIGOS DE DIOS

«Todo el que se declare por mí ante los hombres,
también el Hijo del hombre se declarará por él
ante los ángeles de Dios».
(Lc 12, 8-9)

Que bello es gozar de la amistad de Dios
declarar nuestro amor por Él,
sabernos sus amigos.

Sin su presencia estamos vacíos,
tristes, en soledad, perdidos.
Derrotados en la batalla de la vida.
Sin armas para el combate,
sin poder agarrarnos a su mano salvífica.

¡Ahora estamos seguros!
ahora tenemos prisa de correr a su encuentro
para abrazarle desde lo más profundo del corazón.

Que su amor nos sacie para siempre
con la fuerza de su palabra,
que calma el oleaje del mar.

La bondad de su mirada,
que alienta a las lluvia mansas
que vivifican los campos sedientos,
nunca se aparte de nosotros.

LA TERNURA DE DIOS

«Y el hijo le dijo:
"Padre he pecado contra el cielo y contra ti,
ya no soy digno de ser tu hijo".
Pero el padre dijo a sus siervos:
"sacad el mejor manto y ponédselo,
y poned un anillo en su mano y calzado en
    sus pies"».
(Lc 15, 21-22)

¡Tú siempre nos esperas
con los brazos abiertos!

Esos brazos cálidos, siempre acogedores,
que nos levantan de nuestra postración
irradiando ternura y bondad,
desprendiendo benevolencia y perdón.

Brazos que curan la culpa por haberte fallado,
por habernos dejado seducir por oropeles
por acordes lejanos de falsas promesas.
por los signos equívocos de la noche.

Llegamos a ti avergonzados,
heridos de soledad, perdidos y sin rumbo.
Tu amor generoso, nos recibe con alegría,
nos levanta , nos estrecha contar tu pecho,
nos unge del mejor perfume
nos viste con las mejores túnicas.

Celebras con júbilo nuestro regreso
Tu mirada misericordiosa
conmueve hasta lo más profundo,
porque la corona y la flor de todos tus dones
es el AMOR.

Ese amor inmenso, luz radiante,
que hace que nos sintamos conmovidos
al sabernos queridos por ti.
Ese amor incondicional,
es una fuente inagotable de Gracia
que cubre nuestro cuerpo de belleza.

IV

MEDITACIONES SOBRE EL EVANGELIO SEGÚN SAN JUAN

JUNTO AL POZO

«Si conocieras el don de Dios,
tú le pedirías calmar la sed
y Él te daría Agua Viva».
(Jn 4, 10)

Así, te revelaste a la mujer Samaritana,
y así te has revelado
a los que la vida ha golpeado,
a los que vamos cansados,
arrastrando frustraciones,
pesadas cargas y sinsabores.

Tú nos has concedido el bello privilegio
de saciar nuestra sed,
en la fuente que mana de ti.
De esa fuente escondida brota sangre de luz
    cadmia,
que abre senderos nuevos que acarician
    las sombras.

SEÑOR
Haz que se sequen los pozos
de aguas turbias y cenagosas,
de aguas sucias de incomprensión,
de aguas contaminadas de amargura,
que envenenan nuestras entrañas.

¡Qué todos saciemos nuestra sed
en tu AMOR!

LA MUJER ADÚLTERA

«El que de vosotros esté sin pecado
que tire la primera piedra».
(Jn 8, 7)

Y con esos ojos de infinita ternura
trataste de encontrar la mirada triste y opaca
de aquella mujer postrada en tierra.

Señalada con el dedo sin piedad de la cólera,
acusada por las bocas negras de odio
de aquellos que se creían limpios.

Pero Tú, sólo veías un cuerpo aterido de frío,
que temblaba de vergüenza y miedo.
Tomando su mano la alzaste, la dignificaste.

Y acercándote a ella, dijiste
Mujer nadie te condena, vete en paz.

Ella fue transformada, sanada, perdonada.
Y despertó en un jardín de invierno,
donde la nieve fue vistiendo
su cuerpo marchito de copos de azucenas.

Fue allí, en aquel lugar escondido,
donde los ruiseñores van a exhalar su último canto,
fue allí, donde derramó sus lágrimas
hasta llenar el cáliz de amargura,
para que Dios lo transformara en oro.

EL BUEN PASTOR

En aquel tiempo Jesús dijo:
«Yo soy el buen Pastor.
El buen pastor da la vida por sus ovejas».
(Jn 10, 11)

Señor, te adentraste en el desierto a orar
arrastrando el lastre de nuestras culpas,
cargando sobre tus hombros nuestras fatigas,
sobre tu frente la sal de nuestro sudor,
sobre tus manos las grietas de nuestra
                                    extenuación.

Empezaste a caminar,
y tus pies se llenaron de heridas.
Te enredaste entre zarzas y espinos
sin temer a las sierpes, sembradoras
                              de muerte.

Eres el Pastor Bueno
que no quiere perder a ninguna oveja,
aunque tu cuerpo de tanto adentrarse
en los caminos pedregosos, se haga jirones
                                    de amor.

Y sigues sin detenerte:
extenuado,
sin aliento,
con las pupilas cegadas
de tanto vigilar la senda de sol hiriente,
para que ningún latido de vida se
                                    extravíe.

EL CAMINO

«Yo soy el camino, la verdad y la vida,
Nadie llega al Padre sino por mí».
(Jn 14, 6)

Tú dijiste: "yo soy el camino"
y empezamos de nuevo a caminar,
y salimos de ese pozo oscuro y tenebroso
en el que de pronto,
la luna brilló blanca y nítida
para desterrar las tinieblas,
que huyeron despavoridas.

Porque estábamos hundidos
y tu brazo nos rescató del fango.

LA VID

«Yo soy la vid y vosotros los sarmientos.
el que se queda en mí, igual que yo en él,
   da mucho fruto,
porque sin mí no podéis hacer nada».
(Jn 15, 5)

Aquel tiempo de vino y rosas,
de aroma de azahar y de flor de naranjo
ha pervivido en nuestra memoria
como un paraíso perdido.

Debemos cerrar los ojos y así reviviremos
los campos hermosos,
donde los ruiseñores bebían el néctar
de las vides moradas
para afinar su canto.

Hoy de los sarmientos sólo quedan las espinas,
y acaso el vino se haya agriado.
Pero a tu lado todo sigue siendo hermoso.

Tú sigues dando sentido a nuestra vida,
porque el dolor es un sendero
en apariencia pedregoso y arduo,
pero es allí, donde nos encontraremos contigo.

Tú abrazado a la cruz caminando delante,
y nosotros siguiéndote con pesadas cargas.

Pero al final, nos encontraremos con la luz.

PEDID EN MI NOMBRE

«Os doy mi palabra: si pedís algo al Padre,
os lo dará en mi nombre».
(Jn 16, 23)

Con fe ciega en tu palabra:

Es tiempo de mudanza,
de cambiar las fuente secas
por surtidores de agua viva
donde lavar heridas.

Es tiempo de cultivar campos
donde las espigas
se preñarán de granos de oro.

Es tiempo de sembrar oraciones
y cosechar frutos.
Salir del fondo del abismo
y que el céfiro nos acaricie la piel.

HE VENCIDO AL MUNDO

«En el mundo tendréis sufrimientos
pero sed valientes: yo he vencido al mundo».
(Jn 16, 33)

Sin temor:
Como gacela intrépida,
alzada la frente,
veloces las patas,
cuál estrellas fugaces,
dejando una estela luminosa,
correría a proclamar tu palabra.

Y si la luz me cegara,
seguiría galopando ciega,
a tientas, en la oscuridad,
porque sé que tu mano me guía.

LOS ELEGIDOS

«Como tú me enviaste al mundo,
así les envío yo también al mundo».
(Jn 17, 18)

Aquellos hombres, tus elegidos,
escogidos entre muchos,
curtidos por el sol y el salitre,
azotados por vientos y tempestades,
a los que ungiste pescadores de almas.

Aquellos hombres, tus elegidos,
enfebrecidos por la pasión,
ebrios de celo y plenitud,
salieron a las plazas destellantes de claridad,
a los caminos polvorientos,
se lanzaron por las rutas más peligrosas,
atravesaron ríos torrenciales, mares agitados.

Ya no hubo fronteras imposibles.

Aquellos hombres, que tu elegiste,
llegaron a todos los confines de la tierra
para proclamar el nombre de Dios.

V

MEDITACIONES SOBRE LA PASIÓN DE CRISTO

DESPRECIADO Y DESECHADO ANTE LOS HOMBRES.

VARÓN DE DOLOR, EXPERIMENTADO EN QUEBRANTO

ISAÍAS 53,3

INMOLACIÓN

«Si alguno quiere venir en pos de Mí,
niéguese a sí mismo, tome cada día su cruz
  y sígame».
(Mt 16, 24)

Él dijo sí.
Y sus entrañas se estremecieron
cuando un escalofrío recorrió su espalda.
Después se hizo un silencio tan trémulo
como la oscuridad que habita en los claustros,
y toda la eternidad
quedó suspendida de sus labios.

Él dijo sí.
Y sintiósobre sus hombros
el peso de la humanidad doliente
pendiente de su palabra,
con la respiración contenida,
al borde del suspiro,
sin poder apartar la vista
de sus labios macilentos.

Él dijo sí.
Y su pulso galopó como un corcel indómito,
latidos punzantes resonaron en su pecho.
Pero su corazón se inundó de amor
alumbrado por un fuego
que le quemaba en su interior.

Levantó sus ojos hacia el Padre,
sintió una fuerza descomunal
que venía de arriba,
 y sujetaba su cuerpo maltrecho,
roto, quebrantado.

Luego, quedó sumergido en Dios,
habitado de Dios.
Todo se hizo paz, gozo, vida,
            Redención.

LA ENTREGA PLENA

«Salí del Padre y vine al mundo:
Otra vez dejo el mundo, y voy al Padre».
(*Jn 16, 28*)

El sol hería inmisericorde y sin compasión.
Pero Él, con sus pies desnudos,
atraído por la inmensidad de un mar de dunas
    pálidas,
se fue adentrando en el desierto infinito,
con esa opresiva nostalgia del recuerdo
de las tempestades amainadas,
de las redes rebosantes de peces,
relucientes de estrellas de mar y caracolas.

Así, fue transcurriendo el día,
con esa tristeza apacible
que se esconde entre los recuerdos y el olvido.
Luego levantó los ojos al cielo
y sintió sobre sí, la sombra de su Padre,
su destino, su legado,
y el porqué de su existencia.

Percibió como en su pecho
ardían hogueras y crecían lirios.
Y deseó entregarse en plenitud,
sin restricciones, sin reservas,
sin guardarse nada para sí.

Hasta el último pálpito,
hasta el último aliento,
hasta la última gota de sangre,
de juventud, de vida...
Lentamente la arena sedienta y ardiente
se fue empapando de su esencia
hasta volverse cárdena y luminosa.

EL DOLOR

«Padre, si quieres, aparta de mí este cáliz.
Pero no se haga mi voluntad, sino la tuya».
(Lc 22, 42)

La noche era toda una plegaria.
Solo, ante el cielo y la tierra
con la única compañía de su soledad,
abandonado de todos
sumido en una profunda aflicción.
Jesús invocó a su Padre.

Apurando el cáliz de amargura,
hondo y profundo, como su congoja.

Blanco sobre blanco.
Así, es el color del sufrimiento
con una hiriente luminosidad:
luna nívea, cometas blancos,
caminos pálidos de luz cenital,
porque el reflejo de la angustia
es incoloro e intangible,
pero sumerge al corazón en las tinieblas.
negro sobre blanco.

LA SOLEDAD DEL HUERTO

Y se acercó a sus discípulos y los encontr
   durmiendo.
Dijo a Pedro:
«Así, ¿no habéis sido capaces de velar conmigo
   ni una hora?».
(Mt 26, 40)

Supo desde ese momento en que el tiempo
   se detuvo,
que se acercaban días terribles.

Y sintió la necesidad de respirar el aroma de
   los olivos,
notar en su rostro la brisa nocturna,
percibir a flor de piel la cercanía de los suyos.

Pero sólo escuchó el lento jadeo de sus pechos,
sumergidos en un profundo sueño.

Y sintió sobre sí,
la más absoluta tristeza,
como única compañía para cruzar la travesía
   de la noche.

Y notó como su frente se anegada de gotas
    de sangre,
que como riachuelos candentes
descendían a borbotones por sus mejillas.

Después se hizo un silencio tan espeso
que hasta costaba respirar.

Y con el solo asidero de su soledad,
despojado de afectos,
desnudo de cariño,
abandonado de todos.
Lloró lágrimas espesas y amargas,
hasta que le sorprendió la luz cenital y pálida
        de la madrugada.

JESÚS GUARDÓ SILENCIO

Al ser acusado por los grandes sacerdotes
    y los ancianos,
no contestó nada. Entonces le dijo Pilato:
«¿No oyes cuántas cosas atestiguan contra ti?»
Él no contestó ni palabra.
(Mt 27, 13)

Todo estaba dicho,
ya no tenía que añadir ni una sola palabra.

Jesús había hablado a las muchedumbres,
en las plazas públicas, junto al lago,
en los caminos, en la ladera del monte.

Había abrazado a los pecadores,
curado a los enfermos,
consolado a los tristes,
bendecido a los niños.

Todo estaba ya dicho,
ya no había que añadir una palabra:
Quién tenga ojos para ver, que vea.
quién tenga oídos para escuchar,
que escuche.

JESÚS CONDENADO A MUERTE

Entonces él, se lo entregó para que fuera crucificado.
(Jn 19, 16)

Después de ser de la sentenciado a muerte,
Cristo guardó silencio.
Había hablado demasiado
denunciando a los fariseos,
proclamándose rey de los más desfavorecidos
defendiendo a las mujeres públicas.

¡Ya era demasiado tarde para defenderse!

Fue entonces cuando
la vida pareció detenerse.
El tiempo se durmió en el pulso de los astros,
que quedaron inmóviles
esperando la mano cadenciosa
que les diera fuerza para seguir vibrando.

Los pájaros quedaron colgados de las ramas,
con sus gargantas cercenadas
sin poder exhalar su último canto.

Una música meláncolica
se fue derramando desde lo alto,
y al llegar a tierra,
se transformó en escarcha
para apagar el oro de los campos,
porque ya no tenía sentido dar frutos
abundantes.

Su boca se inundó de hiel amarga.
Y fue en ese momento, cuando sintió la premura
de suplicar a Dios Padre,
que un rayo de esperanza,
abriera de nuevo una brecha en su corazón
para seguir latiendo.

JESÚS, EL REY DE LOS JUDÍOS

«No escribas "Rey de los judíos"».
Protestaron ante Pilato los jefes de los
    sacerdotes judíos.
«Lo que he escrito, escrito queda», contestó
    Pilato.
(Jn 19, 21)

Así es, y así debe quedar grabado en el madero,
y en el corazón de los hombres para siempre.

Tú viniste a inaugurar un Nuevo Reino:

Un reino que no es de este mundo.
Un reino en el que los primeros serán los últimos.
Un reino al que debemos acceder por la puerta
    estrecha.
Un reino al que los ricos les es tan difícil entrar
como a un camello por el ojo de una aguja.
Un reino de paz y justicia
donde se nos examinará de Amor.

Ha llegado el momento
en que Tú palabra liberadora
acaricie nuestros oídos.
Se haga sustancia en nosotros
y a través de nosotros,
se anuncie a todos los hombres
impregnada de ti.

Que sólo tu aliento
haga renacer a un mundo
doliente, inerte y aletargado.

LA CORONA DE ESPINAS

Y trenzándole una corona de espinas,
se la ciñeron a la cabeza.
(Mt 27, 29)

Punzadas hirientes
se ciñen a tu cabeza
como compañeras indeseables,
y no sabes cómo librarte de ellas
porque sus latidos resuenan a muerte.

Tú, sólo deseas cielos azules
y prados húmedos,
dónde soñar con un lago sereno,
para poder saciar tu sed.

Y suplicas a Dios
que aparezcan cometas
y estrellas refulgentes
que apaguen tu dolor para siempre.

Pero como un manso cordero,
aceptas las heridas y te ciñes
con amor a la corona.
Porque sabes que así,
redimes las culpas del hombre.

LA CRUZ A CUESTAS

**Tomaron a Jesús, que cargándose la cruz,
salió a un sitio llamado de la Calavera,
que se dice en hebreo Gólgota.**
(Jn 19, 17)

Las manos abrazadas al pesado madero.
Los hombros doblegados
bajo el peso de la cruz.

El rostro roto de dolor.
El pecho hundido por la tristeza.

Su cuerpo soportando los pecados,
cargando con las miserias del mundo,
sangrando por cada poro de su piel.

Seguirá caminando
paso a paso, golpe a golpe
arrastrando la pesada cruz,
en ella va la humanidad doliente.

Que necesita ser salvada.
Que necesita ser redimida.

De su corazón desfallecido,
de su corazón desbordado de Amor,
todavía sacará la fuerza
para seguir caminando.

LA CRUCIFIXIÓN

Y le crucificaron y se repartieron sus ropas
     echando a suerte
qué se llevaría cada cual.
Era la tercera hora cuando le crucificaron.
(Mc 15, 24)

Llegaste con mansedumbre al lugar
llamado Gólgota para ser crucificado.

Todo estaba cumplido:
Tú como un varón de dolores,
despreciado de los hombres,
te sometiste a los mayores escarnios.

Pero tu amor sin límites,
acepto la cruz en silencio.
Tenías que pagar la deuda
de los pecados de la humanidad.

Y solo en lo alto de la cruz
ofreciste al Padre Tu vida entera ,
hasta la última gota de tu sangre.

La escritura se había cumplido:
Ofreciendo tu cuerpo para ser inmolado,
el mundo había sido Redimido.

El Pecado había sido Vencido por Siempre.

JESÚS DESPOJADO DE SUS VESTIDURAS

Después de crucificarle se repartieron sus ropas,
echándolas a suerte,
y luego se sentaron a mirarle.
(Mt 27, 35-36)

Quisiste ofrecerlo todo
despojarte de todo,
ya habías entregado tus afectos,
tus pocas pertenencias,
ya nada te unía a la tierra.

Así, nos lo anunciaste,
y has sido fiel a tu palabra.
Dijiste:
los zorros tienen madrigueras,
y nidos las aves el cielo.
Pero el hijo del hombre
no tiene donde reclinar la cabeza.

Ya solo con la cruz.
Todo tu cuerpo extendido en ella
a la medida de tu amor
a la medida de tu entrega
a la medida de tu inmenso corazón.

¡Todo TÚ contenido en ELLA!

EL SUFRIMIENTO

**Luego le escupieron, le quitaron la caña
y le golpearon en la cabeza.**
(Mt 27, 30)

Soportaste sin queja
los golpes, la humillación.

Como una ráfaga de horror.
Como un rayo que se cuela de improviso en tu
vida,
entra por una grieta apenas invisible,
luego se hace grande,
se apodera de ti.

Sientes como clava sus dientes en tu piel
desgarrando tus venas,
entonces se mezcla con el fluir de tu sangre
y se hace sufrimiento cruento.

LA SÚPLICA

«Tú que destruirías el Templo
y lo reconstruirías en tres días,
sálvate a ti mismo,
sálvate a ti mismo y baja de la cruz».
(Mt 27, 40)

El nombre de Dios había sido proclamado.
Tu misión en el mundo
ya estaba cumplida

Jesús imploró al padre:
Dios Mío,
¿Si no es a ti, a quien clamaré?

¿Quién sostendrá mi cuerpo
cuando lo sienta maltrecho y tema caer?

Mi alma tiene hambre de eternidad
y no hay trigo dorado,
ni miel recién libada
que pueda saciarla.

LAS HUMILLACIONES

«Que baje ahora de la cruz el rey de los judíos,
para que veamos y creamos».
(Mc 15, 32)

Piras humeantes de muerte,
se cernían ante sus pies.
Una gran oscuridad afloraba a su alrededor,
un nudo de dolor le atenazó la garganta.

Las escrituras se habían cumplido,
ya todo se sucedía
con una fidelidad inexorable:
las burlas de los soldados,
las afrentas de los malhechores,
la tristeza de los suyos,
el llanto de las mujeres,
el dolor de su Madre.

Pero Él lo soportaba todo
con la docilidad de un cordero
llevado al matadero.

En su pecho doliente
se expande un amor supremo
porque siente en cada latido
el palpitar de Dios Padre.

LA SED

«Tengo sed».
Había allí un recipiente lleno de vinagre.
Atando entonces una esponja, empapada
    en vinagre,
un caña de hisopo se la acercaron a la boca
(Jn 19, 28-29)

El fuego de tu corazón
hacía que tus labios ardieran de amor por las almas
y la sed te consumía.

También nosotros
queremos saciarnos del manantial de agua viva
que mana de su costado.

Beber de los surtidores de sus manos
que asciende hasta el sol
para vestirse de oro,
y de nuevo caen sobre la tierra.

Transformando la muerte en vida.

ÚLTIMAS PALABRAS

Hacia la hora novena, Jesús lanzó un gran grito: «Dios Mío; Dios Mío ¿por qué me has abandonado?».
(Mt 27, 46)

¡Mirad Dios Mío!
que soledad tan terrible
colgado de un madero.
Arden hogueras en la lejanía
pero mi cuerpo tirita yerto por el frío.

¡Mirad Dios mío!
Como me persiguen las sombras
que se desprenden de la infinita noche.
Manda un ángel azul a mi tristeza
que ahuyente a las sierpes venenosas.

¡Envía un rayo tan claro
y poderoso que sea salvación y vida!

Intentaré cogerlo con mis manos
para bañar mi dolor en su blancura
y que mi cuerpo quede limpio
como un ramo de nardos renacidos.

JESÚS MUERE EN LA CRUZ

Y Jesús dando de nuevo un gran grito
entregó su espíritu.
Y entonces la cortina del templo se desgarró
en dos, y la tierra tembló, y las piedras
    se partieron.
(Mt 27, 50-51)

La vida se le escapaba a borbotones.
Todo había finalizado:
Los brazos extendido en actitud de ofrecimiento.
El costado abierto derramando sangre y agua.
El corazón traspasado hasta el postrero latido.

Y en su rostro una mueca de dolor
en sus labios palabras de perdón.

Y un último grito
para entregar su Espíritu a Dios.

¡Todo estaba cumplido!

LA MADRE

Junto a la cruz de Jesús estaba su madre.
(*Jn 19, 25*)

Dicen que Dios habla en el silencio de la noche.
Es de noche y hace mucho frío.
Al pie de la Cruz
escuchando el murmullo
del viento helado,
su rostro abatido por el cansancio
esperando la respuesta de Dios.
Su Madre permaneció firme.

Al pie de la cruz
con los ojos cerrados
n la soledad de la noche,
atravesado su corazón por una espada candente.
Su Madre permaneció junto a él.

No se movió de allí,
velando junto a su Hijo,
en eterna agonía compartida,
los ojos arrasados de lágrimas,
su cuerpo abrazado al madero.

Abrazada a la cruz
donde su Hijo había entregado
hasta la última gota de sangre.

No podía ser de otro modo:
ELLA ERA SU MADRE.

VI

MEDITACIONES SOBRE LA RESURRECCIÓN DE CRISTO

DE LAS PROFUNDIDADES DE LA TIERRA VOLVERÁS A LEVANTARME

SALMO 71

LA RESURRECCIÓN DE JESÚS

Entrando en el sepulcro vieron un muchacho
sentado a la derecha vestido con un traje blanco
Él les dijo:
«No os asustéis. Buscáis a Jesús el Nazareno
el crucificado: resucitó, no está aquí».
(Mc 16, 5-6)

Fue en un amanecer perdido entre églogas
perfumado de hortensias y azucenas
incensiado con esencias de ámbar
escondido en el alba vespertina.

Fue en un amanecer pálido de luna clara,
de asombro y estupor contenidos:
La tumba vacía, el sudario plegado,
la piedra corrida custodiada por ángeles.

Fue en el confín de la madrugada
 más bella y prodigiosa
en que las horas se alargaron
en segundos milenarios.

Cristo apareció Triunfante.
Resucitado, Resplandeciente.
La vida había vencido a la muerte
la claridad a las tinieblas.

MARÍA MAGDALENA

En el primer día de la semana,
   María la Magdalena
fue al sepulcro al amanecer cuando todavía
   estaba oscuro
y vio quitada la piedra del sepulcro.
(Jn 20, 1)

La noche había trascurrido en vela
asomada a la ventana del infinito
donde se divisa un azulado horizonte
poblado de amor y anhelo.
En el silencio en la noche mágica
escucho una voz en su corazón.

Acudió a su llamada presurosa.

Sus cabellos al viento impregnados de esencia,
llevando en sus manos un frasco de alabastro
rebosante del perfume más preciado.

Corrió velozmente
seducida por su voz
con la ensoñación del encuentro esperado
bajo el fulgor de la luna albina.

Mas Él dijo:
"noli metangere"
no me toques
no me retengas.

LOS DISCÍPULOS DE EMAÚS

Él entró a quedarse con ellos. Y al sentarse
    juntos,
tomó el pan, dijo la bendición, lo partió y se
    lo dio.
Y a ellos se les abrieron los ojos, y le
    reconocieron.
(Lc 24, 30-31)

Fue con ese gesto tan sencillo.
Fue en aquel instante precioso
de sus manos partiendo el pan.

Cuando Dios se hizo presente,
embriagando con su belleza
la inmensidad del universo.

Y el destello de su resplandor
iluminó sus almas.

JESÚS SUBIÓ AL CIELO

El Señor Jesús después de hablarles, se elevó
   al cielo
y se sentó a la derecha de Dios. Ellos se fueron
   a predicar
por todas partes, con colaboración del Señor.
(Mc 16, 19-20)

Que nuestro estandarte triunfal
no sea de oro y seda
sino empapado en sangre y hecho jirones
por haber batallado contra la injusticia,
la pobreza, el dolor, la tristeza…
Hasta quedar exhaustos.

Que nuestros ropajes de fiesta
estén impregnados de sudor y lágrimas,
pero que brillen deslumbrantes.
renacidos, vigorosos.

Hechizados por el Amor de Dios.
Dispuestos a entregar
Todo por el Reino.